BEI GRIN MACHT SICH IHR WISSEN BEZAHLT

- Wir veröffentlichen Ihre Hausarbeit,
  Bachelor- und Masterarbeit

- Ihr eigenes eBook und Buch -
  weltweit in allen wichtigen Shops

- Verdienen Sie an jedem Verkauf

Jetzt bei www.GRIN.com hochladen
und kostenlos publizieren

Bibliografische Information der Deutschen Nationalbibliothek:

Die Deutsche Bibliothek verzeichnet diese Publikation in der Deutschen National-bibliografie; detaillierte bibliografische Daten sind im Internet über http://dnb.d-nb.de/ abrufbar.

Impressum:

Copyright © 2015 GRIN Verlag
Druck und Bindung: Books on Demand GmbH, Norderstedt Germany
ISBN: 9783668677234

Dieses Buch bei GRIN:

https://www.grin.com/document/418559

Andre Kleine

Psycholgie des Gesundheitsverhaltens. Selbstwirksamkeitserwartung und Gesundheitspsychologisches Handlungsfeld chronischer Erkrankungen

GRIN Verlag

GRIN - Your knowledge has value

Der GRIN Verlag publiziert seit 1998 wissenschaftliche Arbeiten von Studenten, Hochschullehrern und anderen Akademikern als eBook und gedrucktes Buch. Die Verlagswebsite www.grin.com ist die ideale Plattform zur Veröffentlichung von Hausarbeiten, Abschlussarbeiten, wissenschaftlichen Aufsätzen, Dissertationen und Fachbüchern.

Besuchen Sie uns im Internet:

http://www.grin.com/

http://www.facebook.com/grincom

http://www.twitter.com/grin_com

Deutsche Hochschule für
Prävention und Gesundheitsmanagement
Hermann Neuberger Sportschule 3
66123 Saarbrücken

Einsendeaufgabe

Fachmodul:	Psychologie des Gesundheitsverhaltens
Studiengang:	Gesundheitsmanagement
Datum Präsenzphase:	07.09.2015-09.09.2015
Name, Vorname:	Kleine, Andre
Studienort:	**Köln**
Semester:	**SoSe 2015**

Inhaltsverzeichnis

1 Selbstwirksamkeitserwartung 3

   1.1 Erläuterung des Begriffs Selbstwirksamkeitserwartung 3

   1.2 Fragebogen zur Feststellung der spezifischen Selbstwirksamkeitserwartung 4

   1.3 Auswertung 6

   1.4 Übersicht der Studienlage zur Selbstwirksamkeitserwartung 7

2 Gesundheitspsychologisches Handlungsfeld – Chronische Erkrankung:

Osteoporose 8

   2.1 Chronische Erkrankung 8

   2.2 Theoretische Grundlagen – Osteoporose 9

   2.3 Überblick aktueller Zahlen 10

   2.4 Körperliche Aktivität und Prävention der Osteoporose 11

   2.5 Konsequenzen für gesundheitsorientierte Beratung 12

   2.6 Praxisleitfaden 13

3 Beratungsgespräch 14

   3.1 Kundenprofil 14

   3.2 Aspekte eines Beratungsgesprächs 15

   3.3 Einordnung der Kundin in das Transtheoretische Modell 16

   3.4 Beratung 17

   3.5 Reflektion 21

4 Literaturverzeichnis 23

5 Abbildungs- und Tabellenverzeichnis 24

   5.1 Abbildungsverzeichnis 24

   5.2 Tabellenverzeichnis 24

1   Selbstwirksamkeitserwartung

1.1   Erläuterung des Begriffs Selbstwirksamkeitserwartung

Der Begriff der Selbstwirksamkeitserwartung gehört zu den Grundsätzen kognitiver Theorien, die menschliches Handeln erforschen (Zimmer, 2012). Die Selbstwirksamkeitserwartung beinhaltet die Kenntnis und Wahrnehmung der eigenen Kompetenz, eine Aufgabe zielgerichtet und aussichtsreich erfüllen zu können. Des Weiteren hat sie Einfluss auf die Anstrengungsbereitschaft und Ausdauer bei Anforderungsbewältigungen (Bandura, 1997). Je stärker die Selbstwirksamkeitserwartung ausgeprägt ist, desto intensiver und überdauernder strengt sich eine Person an. Bandura (1997) stellt heraus, dass Selbstwirksamkeitserwartungen auf direkten, stellvertretenden, symbolischen (Feedback über eigene Kompetenzen durch Dritte) oder physiologischen Erfahrungen (eigene Gefühlsregung als Hinweis individueller Kompetenzen) basieren. Bei den direkten Erfahrungen besteht eine Kausalität zwischen individuellem Bemühen und dem daraus resultierendem Feedback der Umwelt. Stellvertretende Erfahrungen basieren auf dem Konzept des Modelllernens. Aus dem Modelllernen leiten sich soziale Vergleichsprozesse ab, die Hinweise auf eigene Kompetenzen liefern.

Direkte und stellvertretende Erfahrungen beeinflussen menschliches Verhalten sehr intensiv. Sie besitzen große Relevanz für die Selbstwirksamkeitserwartung. (Zimmer, 2012). Die Selbstwirksamkeitserwartung kann zusätzlich durch Erfolgsvorstellungen und dem emotionalen Zustand einer Person verstärkt beeinflusst werden (Bandura, 1997). Um den Begriff detaillierter zu definieren kategorisiert Bandura (1997) in die drei Aspekte „Niveau", „Allgemeinheitsgrad" und „Gewissheit". Unter „Niveau" wird die wahrgenommene Komplexität der Anforderung gefasst. Der „Allgemeinheitsgrad" stellt die Situationsanzahl dar, in denen Zuversicht der eigenen Kompetenz vorhanden ist. Die „Gewissheit" ist die Kenntnis und Sicherheit über eigene Kompetenzen (Pieter, 2014).

Die Selbstwirksamkeitserwartung kann nicht mit dem Selbstvertrauen synonym verwendet werden, man kann Sie jedoch als situationsspezifische Form des Selbstvertrauens verstehen (Moritz et. al., 2000).

3

1.2 Fragebogen zur Feststellung der spezifischen Selbstwirksamkeitserwartung

Anhand von Fragebögen können individuelle Selbstwirksamkeitserwartungen eruiert und methodisch analysiert werden. Die Fragebögen können ausgerichtet sein auf die allgemeine Selbstwirksamkeitserwartung oder auf spezielle, situative Anforderungen ausgerichtet sein (Pieter, 2014, zit. nach Schwarzer und Jerusalem 1999). Beispielsweise konzipierten Schwarzer und Jerusalem (1999) einen „Fragebogen zur Diagnose der allgemeinen Selbstwirksamkeitserwartung". Hingegen entwickelten Fuchs und Schwarzer (1994) eine Skala zur Selbstwirksamkeit von sportlicher Aktivität.

Angelehnt an die durch Schwarzer und Jerusalem (1999) vorgegebenen Rahmenbedingungen zur diagnostischen Befragung der allgemeinen Selbstwirksamkeitserwartung wird in dieser Hausarbeit ein Fragebogen zur Selbstwirksamkeitserwartung zu gesundem Essenverhalten erstellt.

Der Fragebogen umfasst 12 Items, wobei jedes Item mit einem Punktwert von 1-4 bewertet wird. Der Punktwert 1 steht für „stimmt nicht"; 2 für „stimmt kaum"; 3 für „stimmt eher" und 4 für „stimmt genau".

Um die Selbstwirksamkeitserwartung zu gesundem Essverhalten untersuchen zu können sind die drei Aspekte „Niveau", „Allgemeinheitsgrad" und „Gewissheit" in den 12 folgenden Items berücksichtigt.

Der Ausdruck „ungesundes Essen" umfasst eine Vielzahl von Lebensmitteln. Gemeint sind Produkte, die von der allgemeinen Bevölkerung als ungesund und schädlich angesehen werden.

1) Wenn ich das Bedürfnis nach ungesundem Essen habe, finde ich gesunde und befriedigende Alternativen.

   (Bsp.: Nach einem anstrengendem Tag habe ich das Bedürfnis nach fettigem Essen. Die Auswirkungen von fettigem Essen sind mir jedoch bewusst und ich begnüge mich mit einer gesunden Alternative.)

2) Es fällt mir leicht, auf ungesundes zu verzichten.

   (Bsp.: Wenn ich mir vornehme meine Ernährung zu verändern und auf gewisse Produkte zu verzichten fällt mir die Umstellung nicht schwer.)

3) In außerhalb meiner Routine liegenden Situationen kann ich mich beherrschen und achte auf gesunde Ernährung.

(Bsp.: Auf einer Tagesreise bediene ich mich nicht im Fastfood Restaurant, sondern suche gesunde Alternativen.)

4) Heißhungerattacken werfen mich nicht aus der Bahn, weil ich darauf vertrauen kann die Situation zu kontrollieren.

5) Auch in stressigen Situationen kann ich mein Essverhalten kontrollieren.

   (Bsp.: Auch im Arbeitsstress benötige ich keinen „Balsam für die Seele".)

6) Unerwartete Situationen in meinem Umfeld haben keinen Einfluss auf mein Essverhalten.

   (Bsp.: Ein Trauerfall in der Familie nimmt keinen Einfluss auf mein Essverhalten.)

7) Auch in Gesellschaft habe ich mich im Griff und achte auf gesunde Ernährung.

   (Bsp.: Bei einem gemeinsamen Abendessen mit Freunden.)

8) Wenn ich ungesund Esse, bekomme ich ein schlechtes Gewissen.

9) Wenn mir ungesundes Essen angeboten wird, dann sage ich höflich „Nein" und verfalle nicht dem sozialen Druck.

10) Auch wenn ich traurig bin verändert sich mein Essverhalten nicht negativ.

11) Wenn ich mit starkem Hungergefühl einkaufen gehe, dann habe ich mich im Griff und kaufe zielgerichtet.

12) Auch bei starkem Hungergefühl, esse ich nur so viel wie ich mir vornehme und verfalle nicht dem Heißhunger.

1.3 Auswertung

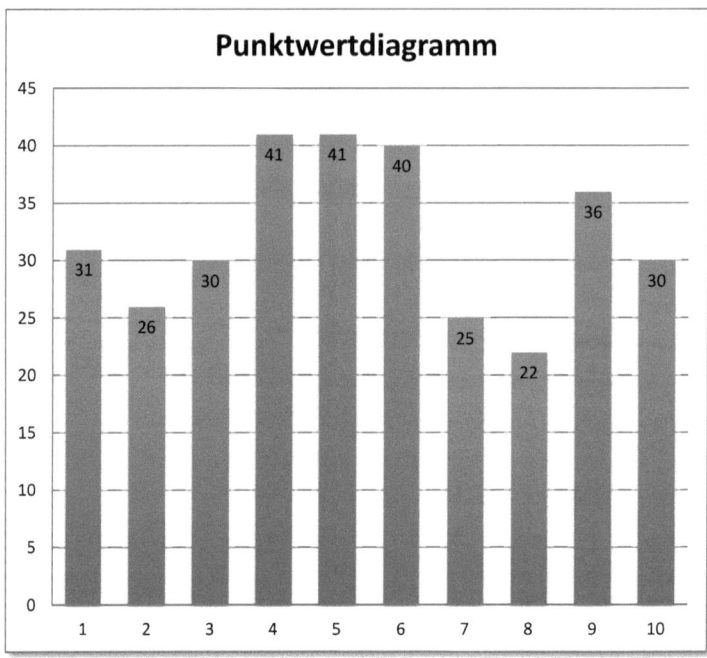

Abb.1: Punktwertdiagramm zur Selbstwirksamkeitserwartung von gesundem Essverhalten

An der Befragung zur Selbstwirksamkeitserwartung zu gesundem Essverhalten nahmen 12 Versuchspersonen teil. Die Wahl der Versuchspersonen erfolgte nach Geschlecht und allesamt verfolgen sportliche Motive. Der maximal zu erreichende Punktwert beträgt 48. Es wurde festgelegt, dass ein Punktwert über 38 auf eine hohe Selbstwirksamkeitserwartung deutet und ein Punktwert unter 28 eine niedrige Selbstwirksamkeitserwartung prognostiziert. Grundsätzlich kann interpretiert werden: je höher der Punktwert, desto höher die Selbstwirksamkeitserwartung zu gesundem Essverhalten.

Demzufolge haben Versuchspersonen mit einem hohem Punktwert (>38) weniger Probleme sich gesund zu ernähren, auf ungesundes Essen zu verzichten und ein stabiles sowie gesundheitsorientiertes Essverhalten auszuleben (Schwarzer, 2000).

Bandura stellt heraus, dass Menschen mit hoher Selbstwirksamkeitserwartung Erfolge fokussieren und diese auf eigene und überdauernde Kompetenzen beziehen. Demgegenüber resultieren Misserfolge nicht auf mangelnder Kompetenz, sondern aus Unwillkürlichen Gegebenheiten (Pieter zit. nach Bandura, 1997).

Folglich der Feststellung wird den Versuchspersonen 4,5 und 6 eine Umstellung und Aufrechterhaltung des Essverhaltens leichter fallen als allen anderen Teilnehmern. Es kann allgemein davon ausgegangen werden, dass ihr Essverhalten gesünder ist. Der Fragebogen wird die Interpretation jedoch nicht eindeutig belegen können. Es handelt sich in dieser Einsendeaufgabe nicht um einen standardisierten Fragebogen, sondern um einer modifizierten Version nach Schwarzer & Jerusalem (Pieter zit. nach Schwarzer und Jerusalem, 1999). Die Auswertungskriterien sind nicht standardisiert, sondern basieren auf einer subjektiven Konzeption. Kritisch ist festzuhalten, dass einige Fragen ohne Beispiele kontrovers wären. Die Aspekte „Niveau", „Allgemeinheitsgrad" und „Gewissheit" werden zwar berücksichtigt, dass Verständnis von gesunden bzw. ungesunden Produkten ist jedoch sehr individuell.

1.4 Übersicht der Studienlage zur Selbstwirksamkeitserwartung

Tab.1: Zusammenfassung der Studie „the moderating role of specific self-efficacy in the impact of positive mood on cognitive performance

Studie	The moderating role of specific self-efficacy in the impact of positive mood on cognitive performance.
Fragestellung	Wird der Zusammenhang von positiver Stimmung und kognitive Leistung durch eine spezifische Selbstwirksamkeitserwartung gefördert?
Zielsetzung	Kausalitätserklärung von positiver Stimmungslage und kognitiver Leistungsfähigkeit.
Stichprobe	139 Probanden.
Untersuchungsdesign	Verständnisaufgabe unter differenten Untersuchungsbedingungen. Gruppeneinteilung in „positive Stimmung", „negative Stimmung" und „Kontrollgruppe".
Ergebnis	Die Leistungsfähigkeit, gekoppelt an einen positiven Gemützustand, wird durch eine ausgeprägte Selbstwirksamkeitserwartung gefördert.

Tab.2: Zusammenfassung der Studie „The Importance of general Self-Efficacy for the Quality of Life of Adolescents with Chronic Conditions

Studie	The Importance of general Self-Efficacy for the Quality of Life of Adolescents with Chronic Conditions.
Fragestellung	Wird die Lebensqualität von Jugendlichen mit chronischen Erkrankungen durch die generelle Selbstwirksamkeitserwartung beeinflusst?
Zielsetzung	Einfluss der Selbstwirksamkeitserwartung herausarbeiten
Stichprobe	Jugendliche mit Typ-1-Diabetes (n= 229), rheumatoide Arthritis (n= 132), Mukoviszidose (n= 24), Nierenerkrankungen (n=15) und neu-

	romuskuläre Erkrankungen (n = 38).
Untersuchungsdesign	-Querschnittsstudie -Verwendung der Selbstwirksamkeitsskala „DISABKIDS", um Jugendliche mit chronischen Erkrankungen zu befragen.
Ergebnis	-Die allgemeine Selbstwirksamkeit ist wichtig für die Lebensqualität der Jugendlichen mit chronischen Erkrankungen. -Interventionsempfehlung zur Verbesserung der allgemeinen Selbstwirksamkeit wird geliefert.

2 Gesundheitspsychologisches Handlungsfeld – Chronische Erkrankung: Osteoporose

2.1 Chronische Erkrankung

Um die Chronizität zu erklären muss der chronische Schmerz von der tatsächlichen Erkrankung differenziert werden. Treten Schmerzen länger als der normale Heilungsprozess auf, so spricht man von chronischem Schmerz. Schließlich wird der chronische Schmerz vom Symptom zur Krankheit. Wenn temporäre Schmerzen sich manifestieren oder über einen gewissen Zeitraum häufiger auftreten spricht man von einer chronischen Erkrankung. Das Problem von chronischen Erkrankungen ist die Unkenntnis der Ursachen (Pieter, 2014). Im Unterschied zur akuten Erkrankung besitzt die chronische Erkrankung keine Warnfunktion. Es wird kein Hinweis gegeben wie man sich Verhalten sollte, um die Schädigung des Körpers zu verhindern. Selbst Interventionsmaßnahmen können sich nicht mehr auf die systematische Heilung des Körpers konzentrieren, sondern die Symptomlinderung wird fokussiert (Pieter, 2014) Eine chronische Erkrankung wird von emotionalen, psychologischen und sozialen Konsequenzen begleitet. Durch soziale Isolation oder körperliche Einschränkung sinkt die Lebensqualität der Betroffenen (Pieter, 2014). Therapiemaßnahmen werden oft von Demotivation und Hoffnungslosigkeit begleitet. Prävalenzuntersuchungen zeigen, dass bedingt durch den demographischen Wandel das individuelle Krankheitsrisiko steigt (Pieter, 2014). Somit erhöht sich auch die Gefahr einer Chronizität. Im Rentenalter sind mehr Menschen von einer Chronizität betroffen als nicht betroffen. Außerdem ist in Abbildung 2 zu erkennen, dass Frauen häufiger an chronischen Erkrankungen leiden als Männer (Pieter, 2014).

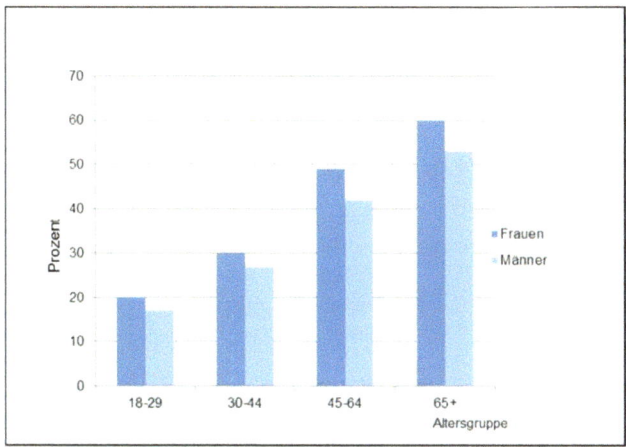

Abb. 2: Menschen mit mindestens einer chronischen Erkrankung modifiziert von Pieper (2014) nach Nowossadek (2012)

Die chronische Bronchitis, das Asthma Bronchiale, der Diabetes Mellitus sowie die chronische Herzinsuffizienz sind Beispiele chronischer Erkrankungen. Im Folgenden soll sich speziell mit der Osteoporose -eine chronisch systemische Erkrankung- beschäftigt werden.

2.2 Theoretische Grundlagen – Osteoporose

Osteoporose ist eine Knochenerkrankung, die den gesamten Skelettapparat betreffen kann. Indiz der Osteoporose ist eine gestörte Knochengeweberemodellierung und systemischer Knochenschmerz. Es liegt eine signifikante Disparität zwischen Knochenresorption durch Osteoklasten und Knochenaufbau durch Osteoblasten zuungunsten des Knochenaufbaus vor. Die im Volksmund als „Knochenschwund" bezeichnete Krankheit beruht daher auf metabolischen Vorgängen (Siegrist, Lammel & Gradinger, 2008).

Aufgrund einer Abnahme der absoluten Knochenmasse resultiert ein erhöhtes Frakturrisiko. Eine Fraktur ist für die Diagnose einer vollständigen Osteoporose essentiell. Dieses Ereignis ist unerlässlich für eine detaillierte Definition. Oftmals wird der Begriff der Osteopenie für Patienten ohne osteoporosebedingte Fraktur verwendet (Ringe, 1991).

Eine Osteoporose tritt häufig erst im späten Erwachsenenalter auf und äußert sich durch Wirbelkörperfrakturen sowie Oberschenkelhalsfrakturen. Die Erkrankung bleibt dementsprechend lange unentdeckt. Statistiken belegen, dass das Risiko für einen Folgebruch nach einem osteoporosebedingten Knochenbruch bis zu 12-fach erhöht ist (Siegrist et. al., 2008).

Drei deutliche Osteoporoseformen werden unterschieden: die postmenopausale Osteoporose, die Osteoporose im hohen Lebensalter und die Glukokortikoid-induzierte Osteoporose (Siegrist et. al., 2008).

Tab. 3: Differente Osteoporoseformen nach Siegrist et. al. 2008

Postmenopausale Osteoporose	- weibliche Geschlechtshormon Östrogen mit positiven Effekt auf Knochengeweberemodellierung - Menopausal bedingte Rezession der Östrogenproduktion → absoluter Knochenmassenverlust resultiert
Altersbedingte Osteoporose	- v.a. Senioren über 75 Jahren betroffen - Störung der Knochengeweberemodellierung basiert hauptsächlich auf Kalzium- und Bewegungsmangel - Häufiges Kennzeichen sind Frakturen der Wirbelkörper und Hüftgelenke
Glukokortikoid-induzierte Osteoporose	- durch entzündliche Erkrankungen kommt es zu permanenten Glukokortikoidabgaben - Abgaben können die Entwicklung einer Osteoporose induzieren

Die Erkrankung unterliegt einer genetischen Disposition. Das Risiko an einer Osteoporose zu erkranken ist für hellhäutige Frauen am größten. Untergewichtige und inaktive Personen haben ebenfalls ein erhöhtes Risiko. Zusätzlich beeinflussen das Ernährungsverhalten sowie Alkohol- und Zigarettenkonsum die Entwicklung einer Osteoporose. Kalzium- und Vitamin-D Mangel sind als weitere Risikofaktoren bekannt (Siegrist et. al., 2008).

2.3 Überblick aktueller Zahlen

Aufgrund des demographischen Wandels erwarten Experten eine gravierende Zunahme der Osteoporoseprävalenz. Längere Lebenszeiten der Bevölkerung begünstigen den Knochenabbauzeitraum. Weiter haben Lebensstillfaktoren wie Bewegungsmangel und unausgewogene Ernährung negativen Einfluss. Vor allem durch Bewegungsmangel fehlen mechanische Reize zur Geweberemodellierung. Im Jahre 1999 erklärte die Weltgesundheitsorganisation die chronische Skeletterkrankung zu einer essentiellen Volkskrankheit (Siegrist et. al., 2008). Aktuelle Prävalenz- und Inzidenzraten sind inkonstant und liegen zwischen 4-8% der Gesamtbevölkerung. In diesem Zusammenhang betont das Robert-Koch-Institut, dass Ergebnisse aus Prävalenzstudien durch Art und Quelle der Studie differieren. Auch die Probandenauswahl hat Einfluss auf das Prävalenzergebnis (Robert-Koch-Institut, 2012). Ungefähr 20 Prozent der Frauen ab dem 50. Lebensjahr erkranken an einer Osteoporose. Die Anzahl der Neuerkrankungen steigt mit dem Alter kontinuierlich (Werle, 1995). Über einhunderttausend osteoporosebedingte Brüche des Oberschenkelhalsknochens werden jährlich registriert (bezogen auf Deutschland). In der Regel erhört sich die Osteoporoseprävalenz für Frauen ab dem 45ten Lebensjahr signifikant. Beim männlichen Geschlecht ab dem 55ten Lebensjahr. Im Jahre 1998 prognostizierte die „US National Osteoporosis Foundation" dass 70% aller Hüftfrakturen osteoporosebedingt sind. Ab 1998 wurden jährlich ca. 235.000 Fälle registriert. Neun Milliarden Dollar wurden für Diagnose, Therapie und Prävention aufgebracht (Kruse, Knappe, Schulz-Nieswandt, Schwartz & Wilbers zit. nach Melton, 2003).

Zusammengefasst sind Frauen mehr als doppelt so häufig betroffen wie Männer. Aktuell werden jährlich mehrere Milliarden Euro für die Behandlung osteoporosebedingter Spätfolgen eingesetzt. Es sollte Ziel zukünftiger und gesundheitspolitischer Bestrebungen sein, die bisherigen Ausgaben für präventive Interventionen zu erweitern. Nur so können die immensen Behandlungskosten minimiert werden (Siegrist et. al., 2008).

2.4 Körperliche Aktivität und Prävention der Osteoporose

Hauptziel präventiver Maßnahmen ist die Vermeidung osteoporosebedingter Frakturen. Um dieses Ziel erreichen zu können, sollten Interventionen schon im Kindesalter berücksichtigt werden. Hauptaugenmerk liegt in der Stabilisierung oder Steigerung des Knochenumsatzes (Siegrist et. al., 2008). Beginnt die Prävention erst nach einem osteoporosebedingten Knochenbruch, muss die Wiedererlangung der Funktionalität sowie die Verbesserung der Lebensqualität fokussiert werden. Bausteine der Maßnahmen bilden Bewegung, Vitamin-D Zufuhr (Aufenthalte im Freien), ausgewogene Ernährung sowie Alkohol- und Nikotinverzicht (Siegrist et. al., 2008).

Tabelle 4. zeigt eine Übersicht der drei differenten Präventionsstadien mit spezifischen Aufgabenbereichen.

Tab.4: Übersicht der Präventionsmaßnahmen.

Primärprävention	- Basismaßnahmen
	- gesunder Lebensstil
Sekundärprävention	- Screening von Risikogruppen
Tertiärprävention	- Vermeidung von Folgekomplikationen

Basis der Primärprävention sind normale BMI-Werte, eine kalziumreiche Ernährung und eine umfangreiche Sonnenexposition. Vor allem bei Bewegungsmangel oder chronischer Immobilität erfolgt im Alter ein erheblicher Knochenmassenverlust. Die Muskelaktivierung ist der Hauptstimulus für eine ausreichende Knochengeweberemodellierung (Siegrist et. al., 2008). Aus fehlenden mechanischen Reizen resultiert eine zunehmende Knochenresorbtion. Dennoch muss in der Trainingssteuerung sensibel vorgegangen werden, denn eine zu hohe Belastungsintensität kann sich negativ auswirken und Frakturen provozieren (Siegrist et. al., 2008).

2.5 Konsequenzen für gesundheitsorientierte Beratung

Die aktuelle Studienlage deutet auf die Schwierigkeit hin, die auf den Knochen einwirkenden Reize zu quantifizieren. Es ist Komplex die Intensität der mechanischen Reize und ihre Wirkung zu bestimmen.

Eine Vielzahl von Studien verweisen, dass durch gezieltes Muskeltraining positive Effekte auf den Knochenumsatz erzielt werden (Siegrist et. al., 2008). Die Arbeiten zeigen auch, dass ausdauernde Sportarten wie Walking über osteogene Wirkungen verfügen. Hingegen besitzen Sportarten wie Schwimmen, bei denen die Schwerkraft umgangen wird, keine osteogene Wirkung (Siegrist et. al., 2008). Qualifizierte Übungsanleitungen sowie Kontrolle der Trainingseinheiten sind elementare Voraussetzungen für muskuläre Interventionen. Um eine osteogene Wirkung zu erzielen ist die körperliche Konstitution und adäquate Intensität durch den Therapeuten aufeinander abzustimmen. Eine planmäßige Osteoporoseintervention richtet sich an biologische, soziale und psychologische Faktoren des Patienten richten, denn diese unterliegen einem dynamischen Prozess und verstärken sich gegenseitig (Pieter, 2014). Deshalb müssen Osteoporoseinterventionen individuell gestaltet werden. Um eine Intervention aufrechthalten zu können muss die Compliance, also die Bereitschaft des Patienten gesundheitliche Empfehlungen umzusetzen, gestärkt werden (Halle & Niebauer, 2008). Es ist die Hauptaufgabe des Trainers eine langfristige und stabile Lebensstilveränderung zu integrieren. Dies erweist sich bei der Osteoporoseprävention komplex, denn die Basismaßnahmen sollten bereits vor dem Ausbrauch der Chronifizierung einsetzen. In vielen Fällen sehen Patienten die Interventionsnotwendigkeit jedoch erst nach der ersten Symptomatik (Pieter, 2014). Kenntnisse über, sowie die Wahrnehmung der eigenen Krankheit sind für eine positive Intentions- und Handlungstendenz maßgeblich. Wenn der Glaube an einen Therapieerfolg und dessen Sinnhaftigkeit nicht vorhanden ist, dann ist die Lebensstilveränderung schwer durchsetzbar. Weitere Maßnahmen um die Compliance und Selbstwirksamkeitserwartung der Patienten zu erhöhen ist die Formulierung von realistischen Zielen. Spezifische Gruppeninterventionen sind zu planen, denn die soziale Unterstützung durch Gleichgesinnte erhöht die Motivation des Einzelnen (Halle & Niebauer, 2008). Ängste vor einer therapeutischen Intervention sind nicht selten. Vor allem bei orthopädischer Chronizität haben Patienten oft Angst den Schmerz durch falsche Bewegung zu verstärken (Pieter, 2014).

Innerhalb der Interventionsplanung sollte man die Risikofaktoren und Ursachen des Patienten kennen. Nur so können zielgerichtete Interventionen geplant werden (Pieter, 2014).

Zusammenfassend kann man sagen, dass der Entschluss für eine therapeutische Maßnahme und der Start einer Lebensstilintervention durch länger fehlende Symptomatik erschwert werden. Die Planung gestaltet sich schwierig, denn die Ursachen können vielfältiger Natur sein und müssen im Beratungsgespräch herausgefiltert werden (Pieter, 2014).

2.6 Praxisleitfaden

In der Praxis sollte ein kontinuierlicher Informationsfluss über die Wichtigkeit von Sonnenexposition und kalziumreiche Ernährung erfolgen. Gerade in jungen Jahren steht die Etablierung einer aktiven Lebensweise im Vordergrund der Präventionsmaßnahmen. Im Alter müssen sekundärpräventive Maßnahmen geplant werden, um Risikogruppen und differenzierte Risikofaktoren zu identifizieren. Bei der Gestaltung einer Krafttrainingseinheit sollte mit 60-80 Prozent des einer-Wiederholungsmaximums gearbeitet werden. In diesem Intensitätsbereich können positive Reize für den Knochenumsatz erzielt werden. Elementar wichtig sind verhaltens- sowie verhältnispräventive Maßnahmen zur Sturzprophylaxe. Gangschule, Gleichgewichtstraining sowie gezieltes aufstehen und hinsetzen sind beispielhafte Maßnahmen (Siegrist et. al., 2008).

3 Beratungsgespräch

3.1 Kundenprofil

Tab. 5: Kundenprofil

Alter	60 Jahre
Geschlecht	Weiblich
Gewicht	55 Kilogramm
Größe	175 Zentimeter
BMI	18
Beruf	Frührentnerin
Frühere Tätigkeit	Bürokauffrau in der Automobilindustrie
Arbeitsstunden	40 Stunden pro Woche
Freizeitaktivität	- Familie - Nachbarschaft - Gartenpflege
Sportliche Vorerfahrung	- keine wirkliche Vorerfahrung - keine sportliche Affinität
Essverhalten	- Unregelmäßig (Frühstück v.a.) - keine Kontrolle - Kantinenessen
Einschränkungen	- systemische Knochenschmerzen - Angst vor falschen Bewegungen - in letzten 12 Monaten öfter gestürzt, jedoch ohne Knochenbruch - sozialer Rückzug und physiologische Isolation - Gartenpflege und soziale Aktivität wurde eingestellt
Ärztliche Voruntersuchung	- keine Voruntersuchung - Unkenntnis der Chronizität - Glaube an Selbstheilung
Ziel	- mobiler und sozial aktiver werden - Sicherheit verspüren, den Schmerzen nicht ausgeliefert zu sein - Gartenpflege aufnehmen
Besonderheit	- Nachbarschaft hat großen Einfluss auf ihre Entscheidungen - familiäre Unterstützung

14

3.2 Aspekte eines Beratungsgesprächs

Fachspezifische Attribute eines Beraters entscheiden über einen positiven oder negativen Verlauf eines Beratungsgesprächs. Elementar wichtig sind der „Ego-Drive" (Selbstmotiviertheit), die Empathiefähigkeit sowie die Projektion (Ausstrahlung) des Beraters (Schlaffke & Plünnecke, 2014). Beratungssituationen verfolgen das Ziel eine positive Beziehungsebene aufzubauen. Um dies zu erreichen ist die nonverbale und verbale Kommunikation essentiell (Schlaffke & Plünnecke, 2014).

Der erste Eindruck zählt. Der Berater muss das Beratungsgespräch und sein eigenes Erscheinungsbild vorbereiten. Die Arbeitskleidung und das Unternehmen (Beratungsraum, Trainingsfläche, Nassbereich) müssen tadellos sein. Die Statur des Beraters sollte einen gesunden Lebensstil implizieren. Die Haltung, die Gestik und die Mimik, also viele Facetten der nonverbalen Kommunikation, spielen bei der Bewertung des ersten Eindrucks eine elementare Rolle (Schlaffke & Plünnecke, 2014). Innerhalb einer Beratungssituation sollte das Redeverhältnis von Berater und potenziellem Kunden 20 Prozent zu 80 Prozent betragen. Der Berater bedient sich offener- und Alternativfragen um das Gespräch zu steuern und simultan Informationen zu gewinnen (Schlaffke & Plünnecke, 2014). Auf Tonalität (Tonfall) und Verbalität (wie sage ich etwas?) muss geachtet werden, um eine angenehme, aber auch führende Beratungsatmosphäre zu schaffen. Schlaffke und Plünnecke verweisen auf die Wichtigkeit einer gesunden Mischung aus destruktiver Kritik am bisherigen Verhalten und lobenden Worten zu zukünftigem Wunschverhalten. Des Weiteren muss der Berater positiv besetzte Ausdrücke verwenden. Bedeutender als die verbale Kommunikation ist jedoch die zuvor erwähnte nonverbale Kommunikation. Mimik, Gestik und Körperhaltung, welche Offenheit, Optimismus und Selbstsicherheit ausstrahlen unterstützen die verbalen Tools um eine positive Beziehungsebene aufzubauen (Schlaffke & Plünnecke, 2014). Aktives Zuhören ist ein weiterer Baustein des Beraters. Gezieltes Wiedergeben der gesammelten Informationen unterstützt die Entwicklung einer zielorientierten und individuellen Problemlösung. Informationen und Probleme werden verdeutlicht, Aufmerksamkeit signalisiert und Diskrepanz vermieden (Schlaffke & Plünnecke, 2014). Filtern von Intentionen und Wünschen des potenziellen Kunden ist eine weitere entscheidende Aufgabe des Beraters. Nach Watzlawick et. al. besteht Kommunikation aus einer Sach- und einer Beziehungsebene. Anhand des Eisbergmodells erklären Watzlawick et. al., dass man mithilfe der Verbalität nur einen geringen Prozentsatz der Kommunikation filtert. Die Verbalität gibt somit nur Aufschluss über die Sachebene. Die Beziehungsebene, in der Metapher des Eisbergs dass Verborgene unter dem Meeresspiegel, vergegenwärtigt sich erst durch nonverbale Kommunikationstools und komplettiert die Kommunikation (Schlaffke & Plünnecke zit. nach Watzlawick et. al., 1974).

Die genannten Aspekte sowie die Handlungskompetenz des Beraters, welche aus Fach-Methoden- und Sozialkompetenz resultiert, sind entscheidend um eine positive Beziehungsebene aufzubauen (Schlaffke & Plünnecke, 2014).

3.3 Einordnung der Kundin in das transtheoretische Modell

Das transtheoretische Modell nach Proschaska und DiClemente wird seid 1990 auch im Sport- und Bewegungsbereich angewendet (Stoll, Pfeffer & Alfermann, 2010). Im Modell werden Verhaltensänderungen als Entwicklungsprozess dargestellt. Der Gesamtprozess erfolgt in 5 sukzessiven Teilprozessen, die allesamt Durchlaufen werden müssen um eine Verhaltensänderung etablieren zu können. Die Absichtslosigkeit, Absichtsbildung, Vorbereitung, Handlung und Aufrechterhaltung bilden im Gesamtprozess die 5 aufeinanderfolgenden Teilprozesse (Stoll et. al., 2010). In jedem Teilprozess ist die Bereitschaft für eine Verhaltensänderung different. Aus diesem Grund wird jeder Teilprozess diskret betrachtet und kann nicht übersprungen werden. Das Wissen über differente Bereitschaften ermöglicht es, zielorientierte Interventionen zur prozesstypischen Situation zu planen (Stoll et. al., 2014). Somit kann eine Verhaltensänderung adäquat gefördert werden. Die Kundin lasst sich im Übergang von Stufe 1 zu Stufe 2 einordnen. Innerhalb des Beratungsgesprächs sollte die Kundin über die Stufe 2 dann zur Handlungsstufe überführt werden. Sie befindet sich noch in Stufe 1, weil sie die Rückenschmerzen und Gelenkschmerzen zwar bemerkt, ihr fehlt es jedoch an Informationen, dass es sich tatsächlich um eine chronische Erkrankung handelt und eine Intervention notwendig ist. Sie besitzt noch den Glauben an eine Selbstheilung und erkennt die Notwendigkeit nicht. Dennoch kam es schon zu ersten Auseinandersetzungen mit der Nachbarschaft. Nach diesen Gesprächen begann die Kundin Argumente für die Aufnahme einer Intervention abzuwiegen. Die Kundin setzt sich offen mit dem Thema einer Therapie und möglichen Konsequenzen auseinander. Es wird jedoch auch deutlich, dass Sie noch nicht zur Handlung entschlossen ist. Sie wird durch Bewegungsangst gebremst und letztendlich von ihrer Freundin zum Beratungsgespräch überredet. Der Rubikon ist demnach noch nicht überwunden, denn die Auseinandersetzung führt noch nicht zum Ergreifen konkreter Maßnahmen. Angetrieben von ihrer Freundin und der eigenen Unsicherheit sucht Sie schließlich ein Beratungsgespräch auf. In der Beratung wird es nun wichtig sein der Kundin die Angst zu nehmen und ein Ziel zu definieren. Der Kundin muss klar gemacht werden, dass sich die Symptome ohne Interventionsmaßnahmen verschlimmern werden. Eine individuelle Problemlösung muss geliefert werden (Stoll et. al., 2010). Die Überwindung des Rubikons steht im gemeinsamen Beratungsdialog im Vordergrund.

3.4 Beratung

Nun wird eine Beratungssituation zum ausgewählten Thema -„Osteoporose"- darge-stellt. Innerhalb der Konversation zwischen einem potenziellem Kunden („K") und mir („T") sollen zielorientierte Aspekte herausgefiltert werden. In kursiv werden Handlungen meinerseits verdeutlicht.

Der potenzielle Kunde betritt das Unternehmen. Ich gehe zur Begrüßung freundlich und mit offener und selbstsicherer Haltung auf Ihn zu.
T: Guten Tag Frau W. Herzlichen Willkommen bei uns. Haben sie gut hergefunden?
K: Guten Tag. Ja, ich wohne hier in der Nähe und bin schon öfter bei Ihnen vorbeige-laufen.
T: Das ist ja schön. Wir pflegen eine freundschaftlich-familiäre Atmosphäre, wenn es in Ordnung für Sie ist, dann möchte ich Ihnen gerne das „Du" anbieten. Ich bin heute ihr Therapeut Andre.
K: Sehr gerne sogar. Ich bin die E.
Als Therapeut halte ich stets Augenkontakt. Bewahre eine aufrechte, selbstsichere Haltung. Sorge für ein lockeres Ambiente und verbreite durch freundliche Mimik entspann-te Stimmung. Ich schließe die erste Kontaktphase mit einem sicheren und überzeugen-den Händedruck ab.
T: Okay. Magst du mir einmal folgen, dann können wir uns setzen.
Durch zielorientierte Weisung führe ich den potenziellen Kunden zur Beratungslounge. Beide setzen sich zeitgleich in die Lounge. Der potenzielle Kunde wird so gepointet, dass sein Blick auf die Trainingsfläche fällt.
T: Zuallererst. Hast du heute schon ausreichend getrunken?
K: Ich denke nicht. Leider vergesse ich das Trinken ständig.
T: Darf ich dir einen Kaffee oder ein Wasser anbieten?
K: Zu einem Glas Wasser kann ich ja nun nicht mehr Nein Sagen.

Die erste Anspannung sollte sich gelöst haben. Ich verlasse kurz die Lounge um Getränke zu organisieren. Währenddessen kann der potenzielle Kunde sich an die Umgebung gewöhnen und sich ein eigenes Bild des Unternehmens machen.

Im Folgenden wird das Beratungsgespräch zum spezifischen Thema eingeleitet. Die Begrüßungsphase ist abgeschlossen.

T: Hier habe ich dein Wasser. Wie bist du eigentlich auf uns aufmerksam geworden?

K: Ich habe mich über diverse Möglichkeiten im Internet informiert. Und eine Freundin aus der Nachbarschaft trainiert auch hier.

T: Sehr gut. Konnte Sie dir denn schon ein bisschen was über uns erzählen?

K: Ja, ganz grob aber nur. Ich wollte mir gerne selbst ein Bild machen.

T: Schön. Was machst du denn gerne in deiner Freizeit? Besitzt du eine gewisse Affinität zu sportlichen Aktivitäten?

K: Nein gar nicht. Ich hatte nie wirklich Zeit um mich sportlich zu betätigen. Meine Freizeit habe ich liebend gerne für die Familie, meinen Garten und die Nachbarschaft geopfert.

T: Das hört sich doch auch toll an. Immerhin ist die Anstrengung in der Gartenpflege auch nicht zu unterschätzen. Was hast du denn gerne mit der Nachbarschaft unternommen?

K: Wir haben viele Abende zusammen verbracht. Vor allem Koch- und Doppelkopfabende standen an der Ordnung.

T: also eine sehr gesellige Freizeitgestaltung?

K: Definitiv. Im Endeffekt habe ich aus der Nachbarschaft auch den Anreiz bekommen hier vorbeizuschauen.

Ein guter Augenblick für einen „Gesprächs-Tournover". Der Smalltalk soll nun in den Hintergrund geraten. Im Folgenden sollen Motive erarbeitet werden.

T: Okay. Du hattest am Telefon ja bereits etwas von dir und deiner Problematik erzählt. Wäre es okay, wenn wir darüber nun intensiver sprechen?

K: Na klar. Aus diesem Grund bin ich ja hier.

T: Ist es für dich in Ordnung, wenn ich mir Notizen mache?

K: Kein Problem.

T: Ich bin überzeugt, dass wir zusammen eine Lösung erarbeiten können. Hört sich das gut für dich an?

K: Das wäre fantastisch.

T: Am Telefon erwähntest du bereits das du Frührentnerin bist. Was für einen Beruf hast du vorher ausgeübt?

B: Bis vor gut einem Jahr habe ich als Bürokauffrau gearbeitet. 40 Stunden die Woche, aber dann ging es nicht mehr.

T: Weshalb musstest du deine Tätigkeit denn aufgeben?

K: Ich glaube 30 Jahre Büro haben Spuren hinterlassen. Meine Haltung hat extrem gelitten und die Knochen schmerzen ständig.

T: Das hört sich ja gar nicht gut an. Hast du diese Probleme schon länger?

K: Vor 3 Jahren fing es an und seitdem hat es sich nicht gebessert. Zu Beginn dachte ich, dass es vielleicht nur eine Phase ist, aber ganz im Gegenteil. Die Schmerzen wurden schlimmer und ich wurde erst beurlaubt und nun vollständig in die Rente entlassen.

T: Das ist ja schon ein längerer Zeitraum. Denkst du schon länger darüber nach etwas gegen die Symptome zu unternehmen?

K: Um ehrlich zu sein erst seid kurzem. Ich habe lange den Glauben an eine selbstständige Heilung gehabt.

T: Wie kam es zum Umdenken? Gab es einen gewissen Auslöser?

K: Auch hier muss ich ehrlich sein. Der Impuls kam zuerst von meiner Freundin aus der Nachbarschaft. Sie hat mir ihre eigenen Erfahrungen mitgeteilt und dann wollte ich es auch versuchen.

T: Okay. Um ein Thema nochmal aufzugreifen. Warst du schon mal in einem Fitnessstudio oder einer Rhea-Einrichtung?

K: Tatsächlich. Das ist aber schon gut 8 Jahre her. Da hatte ich Rückenprobleme und habe ein paar Stunden von der Krankenkasse aufgedrückt bekommen.

T: Und wie war das für dich? Haben die Stunden etwas gebracht?

K: Ja. Nach den ersten Stunden war ich total begeistert. Ich wurde gut betreut und die Schmerzen wurden geringer.

T: Hört sich nach einem aber an?

K: Ich wurde ziemlich alleingelassen an den Geräten und habe einfach die Übungen absolviert. Ich wusste nicht ob ich etwas richtig ausgeführt habe oder nicht. Ich kann mich nicht mehr recht erinnern, aber ich habe die letzten Einheiten auch sausen lassen. Gestört hat das niemanden.

T: Also wäre dir persönliche Betreuung schon sehr wichtig? Oder wie wäre es in einer Gruppe Sport zu machen? Vielleicht ja sogar mit deiner Nachbarin?

K: Das wäre richtig schön und auf Betreuung bin ich sowieso angewiesen. Mir wurde erzählt, dass in eurem Unternehmen jede Einheit mit einem Trainer stattfindet. Stimmt das?

T: Genau richtig. Individuelle Betreuung ist das Grundkonzept. Lass uns nochmal über die Symptomatik sprechen. In welchen Alltagssituationen oder Freizeitaktivitäten schränken dich die Schmerzen ein?

K: Ich möchte ehrlich sein.

T: Das sollst du sogar.

K: Ich mache nur noch sehr wenig. Die Schmerzen schränken mich total ein. Ich kann meinen geliebten Garten nicht mehr ausreichend versorgen, weil mir bei gewissen Bewegungen alles weh tut. Mit meiner Nachbarschaft unternehme ich weniger bis gar nix mehr, weil ich mich nur noch auf dieses Leid konzentriere und mich zurückziehe.

T: Das hört sich aber nicht gut an. Fallen dir noch mehr Situationen ein?

K: In letzter Zeit bin ich öfter vor Schwäche gefallen. Zum Glück habe ich mir noch nichts gebrochen. Im Prinzip traue ich mich gar nicht mehr etwas zu unternehmen. Ich habe schlichtweg Angst.

T: Wenn du deine Schmerzen und Einschränkungen auf einer Skala von 0-10 bewerten müsstest, wobei 0 gar nicht schlimm und 10 extrem bedeutet. Wie groß sind sie?

K: 8

T: Wenn du den Wunsch nach Schmerzfreiheit bewerten müsstest. Wie groß wäre dieser?

K: 12

T: Stell dir bitte einmal vor, dass alles so bleiben würde wie es ist. Wie würdest du dich fühlen, wenn sich deine Situation nicht ändert?

K: Das wäre für mich kein Leben mehr?

T: Stell dir nun mal genau das Gegenteil vor. Wenn wir es schaffen durch ein individuell und therapeutisch betreutes Training die Schmerzen zu lindern. Wie würdest du dich dann fühlen?

K: Großartig. Ich könnte endlich wieder was unternehmen und meinem Hobby nachgehen.

T: Und was wärst du bereit dafür zu tun?

K: Alles was in meiner Macht steht. Definitiv.

T: Hast du jemanden der dich unterstützt?

K: Mein Mann, meine Kinder und meine Freundinnen. Auch für Sie ist die Situation belastend.

T: Unterstützung ist sehr wichtig und natürlich ist es schön dass Sie alle für dich da sind. Ich würde die Ziele gerne reflektieren und alles zu Papier bringen. Wäre das in Ordnung?

K: Na klar.

T: Also. Primär wollen wir deine systemischen Knochenschmerzen lindern. Wir wollen dir wieder die Möglichkeit schaffen, dass du dich schmerzfrei und ohne Angst bewegen kannst, deinen Hobbys nachgehen kannst und dich wieder sozial beteiligst. Ist das richtig?

K: Ja bitte. Das wäre wunderbar.

T: Gut, dann lass uns doch langsam beginnen. Hier hast du einen Spindschlüssel. Zieh dich bitte um und dann treffen wir uns gleich hier wieder. Was für weitere Maßnahmen eingeleitet werden sollten klären wir später oder in anderen treffen, okay?

K: Unbedingt. Danke

3.5 Reflektion

Die vorgestellte Konversation beinhaltet viele gute Aspekte. Sie haben geholfen eine positive Beziehungsebene aufzubauen sowie eine Zielformulierung zu erarbeiten. Das Ziel wurde eindeutig definiert und am Ende des Dialogs noch einmal zusammenfassend dargestellt. Die Begrüßungsphase ist sehr gut gelungen. Es wurde durch das „Du" eine persönliche Ebene geschaffen, in der sich Therapeut und Kunde auf einer Ebene begegnen. Ich denke, dass ausreichend Smalltalk geführt wurde und viele Background Informationen gesammelt wurden. Jedoch wären zu Beginn des Gesprächs mehr Fragen zum aktuellen Gefühlszustand und zur aktuellen körperlichen Verfassung sinnvoll gewesen („wie fühlst du dich heute?"/ „wie geht es dir?"). Unsicherheiten, Ängste, aber auch temporäre Empfindungen können so herausgearbeitet werden. Durch die Begrüßung, das Wasserangebot und somit die Phase des Alleinseins, hatte der Kunde genügend Zeit sich das Unternehmen anzusehen und einen ersten Eindruck zu entwickeln. Es war sehr gut von mir, dass ich versucht habe den Redeanteil einzuhalten. Es wurden viele offene Fragen verwendet, die den Informationsfluss fördern. Durch wiederholte Namensnennung konnte eine persönliche Ebene geschaffen und die positive Beziehungsebene zusätzlich aufgebaut werden. Demgegenüber kann der Begriff des Therapeuten jedoch negative Emotionen auslösen. In der Nachbetrachtung wäre es besser gewesen, sich als Trainer vorzustellen und nicht als Leiter von therapeutischen Interventionen. Ich denke die Konversationschronologie war sehr gut. Es wurden viele Fragen zum Alltag, zur Freizeitsituation und zur Arbeitssituation des Kunden gestellt. Erst im zweiten Schritt kam es zur intimeren Problematik. In dieser Phase wäre es vorteilhaft gewesen nach einem vorangegangen Arztbesuch zu fragen, bzw. wurde nicht darauf eingegangen, dass die Kundin an einer Chronizität erkrankt ist. Es wurde zwar bemerkt, dass die Kundin sich ihrer Krankheit nicht bewusst ist, aber ihr wurde nicht geraten zum Arzt zu gehen. Eine ärztliche Untersuchung sollte jedoch unbedingt eingeleitet werden, um die Ursachen der systemischen Knochenschmerzen herauszustellen. Als positiv ist herauszustellen, dass emotionale Motive aufgegriffen wurden. Persönliche Wünsche und Interessen wurden in die Zielformulierung integriert und machen dieses dadurch greifbar. Ebenfalls war es gut, dass die Kundin ihre aktuelle Situation und die Wunschsituation mithilfe der Borgskala bewerten sollte. Dieses Tool hat Bewusstsein und Notwendigkeit der Intervention intensiviert und integriert.

Aus den genannten positiven, aber auch weniger guten Ansätzen kann geschlossen werden, dass die Kundin während der Beratung in Stufe 2 überführt wurde. Anschließend wurde eine aktive Handlungsintention erarbeitet und ein deutliches Ziel formuliert. Es ist wichtig, dass dem Kunden deutlich wird, dass Interventionsnutzen dominieren und eine Verhaltensänderung möglich ist. Nur so kann der Rubikon überwunden werden und gesundheitsorientiertes Verhalten etabliert werden. Die Ziele des Gesprächs wurden in adäquatem Umfang erreicht.

4   Literaturverzeichnis

Bandura, A. (1997). *Self-efficacy: The Exercise of Control.* New York: Freeman.

Cramm, J.M., Strating, M.M.H., Roebroeck, M.E. & Nieboer, A.P. (2013). The Importance of General Self-Efficacy for the Quality of Life of Adolescents with Chronic Conditions. *Soc Indic Res 113,* 551-561.

Halle, M. & Niebauer, J. (2008). Methoden zur Verhaltensänderung. In M. Halle, A. Schmidt-Trucksäss, R. Hambrecht & A. Berg (Hrsg.), *Sporttherapie in der Medizin. Evidenzbasierte Prävention und Therapie* (S. 35-37). Stuttgart: Schattauer.

Kruse, A., Knappe, E., Schulz-Nieswandt, F., Schwartz, F.W. & Wilbers, J. (2003). *Kostenentwicklung im Gesundheitswesen. Verursachen ältere Menschen höhere Gesundheitskosten?.* Baden-Württemberg: AOK.

Moritz, S.E., Feltz, D.L., Fahrbach, K.R. & Mack, D.E. (2000). The relation of self-efficacy measures to sport performance: A meta-analytic review. *Research Quarterly for Exercise and Sport, 71,* 280-294.

Niemiec, T. & Tabaczek, K.L. (2015). The moderating role of specific self-efficacy in the impact of positive mood on cognitive performance. *Motiv Emot, 39,* 498-505.

Pieter, A. (2014). *Studienbrief Psychologie des Gesundheitsverhaltens.* Saarbrücken: dhfpg.

Ringe, J. D. (1991). *Osteoporose. Pathogenese, Diagnostik und Therapiemöglichkeiten.* Berlin: De Gruyter.

Robert-Koch-Institut. (2012). *Ergebnisse der Studie „Gesundheit in Deutschland aktuell 2012.* Berlin: Robert-Koch-Institut.

Schlaffke, W. & Plünnecke, A. (2014). *Studienbrief Beratungs- und Servicemanagement.* Saarbrücken: dhfpg.

Stoll, O., Pfeffer, I. & Alfermann, D. (2010). *Lehrbuch Sportpsychologie*. Bern: Verlag Hans Huber.

Siegrist, M., Lammel, C. & Gradinger, R. (2008). Osteoporose. In M. Halle, A. Schmidt-Trucksäss, R. Hambrecht & A. Berg (Hrsg.), *Sporttherapie in der Medizin. Evidenzbasierte Prävention und Therapie* (S.343-353). Stuttgart: Schattauer.

Werle, J. (1995). *Osteoporose und Bewegung. Ein integrativer Ansatz der Rehabilitation*. Heidelberg: Springer.

Zimmer, R. (2012). *Handbuch der Psychomotorik*. Freiburg im Breisgau: Herder GmbH.

5 Abbildungs- und Tabellenverzeichnis

5.1 Abbildungsverzeichnis

Abb. 1: Punktwertdiagramm zur Selbstwirksamkeitserwartung von gesundem Essverhalten...S.6

Abb. 2: Menschen mit mindestens einer chronischen Erkrankung modifiziert von Pieper (2014) nach Nowossadek (2012)...S.9

5.2 Tabellenverzeichnis

Tab. 1: Zusammenfassung der Studie „the moderating role of specific self-efficacy in the impact of positive mood on cognitive performance...S.7

Tab. 2: Zusammenfassung der Studie „The Importance of general Self-Efficacy for the Quality of Life of Adolescents with Chronic Conditions.......................................S.7

Tab. 3: Differente Osteoporoseformen nach Siegrist et. al. 2008.............................S.10

Tab. 4: Übersicht der Präventionsmaßnahmen...S.12

Tab. 5: Kundenprofil..S.14